Y SIEMPRE MÁS

ExLibric

JOSÉ MARÍA YSMER PALAZUELOS

Y SIEMPRE MÁS

EXLIBRIC

ANTEQUERA 2022

JOSÉ MARÍA YSMER PALAZUELOS

Y SIEMPRE MÁS

Dedico este libro en su conjunto
a Guadalupe Cisneros Villa.
Ella ha sido la inspiradora de todos estos versos;
la que ha puesto su corazón, ese que dice que no tiene,
en mi mano; que los ha escrito, uno tras otro,
como las cuentas insertadas de un collar,
hasta quedar completo.

Sin ella, sin ti, ninguno de estos poemas
hubiera salido a flote en este último año
en que hemos vivido tanto y tan intensamente,
descubriendo cada día, nuevas geografías en nosotros.

Gracias te doy, amor, por todo este tiempo
en que hemos crecido juntos.
También nuestra poesía, repleta del aire del otro.

Espero, por último, que este libro llegue
a la mayor gente posible, y que de alguna manera,
al leerlo, sientan algo parecido a lo que yo he sentido
al escribirlo, o al menos, no les deje indiferentes.

Eso es todo, que para nada creo sea poco.
Recibe este libro con todo mi amor.
Besos, Y SIEMPRE MÁS.

Agradecimientos

Quisiera agradecer, en primer lugar, a mi padre que haya diseñado las portadas de mis tres libros. Ellas son la entrada a este mi mundo, que es también un poco el suyo y el de todos los que me vayan leyendo.

Agradecer igualmente a mi amigo y compañero de letras, Carlos Crespo, por este prólogo que con tanto cariño y dedicación ha elaborado.

Sin ellos dos, mi obra no sería la misma. Su labor hace que mi obra sea aún más preciada.

Prólogo

Comienzo este prólogo con la presencia indeleble en mi ánimo de estas palabras dichas por Mircea Cārtārescu: «Escribo porque es la esencia de mi ser». ¿Se puede comenzar un prólogo con una cita ajena? ¿Con una tajante declaración de principios literarios? Pienso que sí. Además, citar al gran narrador y poeta rumano siempre es oportuno cuando tenemos la palabra en la cabeza y el corazón, algo que sucede en la ejecución de este prólogo. Me detengo en las últimas palabras de esta frase, «es la esencia de mi ser», porque tiene mucho que ver con la existencia de este poemario y con la del propio autor, José María Ysmer Palazuelos. Un trabajo circunscrito a un estado de rebeldía contra una realidad marcada por la distancia. Esa tiranía impuesta, la distancia, forma parte obligada de ese «ser» que menciona Cārtārescu en el poeta y en la persona que hay detrás de este trabajo.

El poeta enuncia su voz desde el único lugar posible, los versos, y desde allí, José María traza una pugna contra esa distancia que imagina vencer con la palabra. Una a una, verso tras verso, en cada poema intenta reducir el espacio que le separa de la felicidad reencontrada. Decía el bolero de Roberto Cantoral que «la distancia es el olvido». ¿Habrá contado el autor con la perseverancia de los poetas? Sospecho que no. Si un poema sangrado a medianoche toca el corazón, ha vencido la distancia. Se ama con el corazón, no con las manos, o eso nos decía García Márquez.

Recibo este tercer poemario de José María cargado de expectativas. Tras *La sed de las piedras,* su primer poemario, y *Estación de cercanías,* un atrevimiento conjunto con la otra parte condicionada por la distancia, la poeta Guadalupe Cisneros-Villa, ver qué caminos transitan los versos del autor se me antoja definitivo en su devenir poético. La constatación de un estilo, de un sello en la palabra escrita, del ADN escritor que, de inmediato, nos lleve a su nombre al leer una estrofa, indica que el poeta ha asentado un carácter en su trabajo. Esta ansiada característica confronta con un peligro latente, una amenaza, si no exclusiva, sí particular de la poesía, la rutina de versos que convierta su trabajo poético en monotonía.

La lectura de un poemario se comienza desde la incógnita; en este caso, aumentada por la responsabilidad que supone el encargo: prologar a un compañero de letras. Abierta la puerta, mis pies dan su primer paso; ya huele a poesía después de este prólogo, y así aparece Ves, sin necesidad de ver, un poema que rompe el fuego sin rodeos ni matices y comienza también sin dilación alguna esa batalla contra la distancia. La mirada, el saberse parte del amor del otro y de su pensamiento contrarrestando la ausencia, es una primera declaración de intenciones que fija las pautas para este camino. Ese objeto lírico que es una constante en el poemario está en movimiento, porque acompaña a una vida que no se detiene, la del propio autor. Así es versado a través de poemas con una naturaleza cotidiana que se agarra al entorno. En sus trabajos poéticos, José María Ysmer siempre ha mostrado una relación primordial con el entorno, que, urbano o natural, está presente en sus versos, condicionando los días. De esta forma, y con una narrativa estilizada surgida de la inspiración en rebeldía del autor, se va construyendo un poemario de intenciones claras, pero con un cuidado y respeto por la palabra que cautiva paso a paso.

Nos detendremos con él en las contadas ocasiones de presencia física, compartida de ese amor objeto de los versos, momentos que transitan del goce a la melancolía. «Sin demasiados lujos» es un claro ejemplo de esta circunstancia. Poemas con una hábil utilización de sus recursos literarios, para dar espacio a un existencialismo personal que aparece adherido al sentir del autor: «Al lugar donde nacieron», «La única verdad». Poemas entre actos que nos devuelven a la narrativa que no se rinde en este amor a distancia. «En una habitación de hotel a miles de kilómetros» puede ser la constatación más clara de este objeto narrativo. Hay homenajes a esos encuentros de disfrute, ocasionales y necesarios, como Santiago, o Playa del Guincho, y de nuevo la espera: «A la espera de que vuelvas» o la declaración incondicional de «Siempre más». Se forja así una construcción poética de cimentación firme con el sello reconocible del autor. La estructura de su poesía se mantiene sin apenas alteraciones reconocibles, porque hacerlo haría descarrilar este tren de intenciones. Con inteligencia, además de con naturalidad, se da un paso adelante en el léxico (empleo de sustantivos, adjetivación) y en los recursos literarios (personificación, metáforas, entre otros), que son usados con la cadencia oportuna, pero con la inteligencia de conocer y controlar tanto el objeto lírico como el sentir del poeta. Las dos últimas entregas, «La totalidad del otro dentro de uno mismo» y «Huellas en la piel», dejan constancia de una poesía que avanza con la verdad que José María Ysmer Palazuelos imprime siempre a su trabajo.

Tienes en tus manos un poemario que se ha consumado verso a verso, con ese mecanismo misterioso e inhóspito del corazón de los poetas para transitar por el dolor con esperanza. Un trabajo pensado, sentido, con una elaboración esmerada que muestra a un poeta respetuoso con la palabra y apasionado con su medio, la poesía.

Haz viaje entre sus versos y que se haga la magia una vez más. Feliz lectura.

Carlos Crespo González

VES SIN NECESIDAD DE VER

Ves, sin necesidad de ver,
la calle por la que regreso del trabajo
con la mochila a cuestas, en la espalda,
las manos en los bolsillos
y la mirada puesta en ti,
aunque no estés cerca.

Ves, sin necesidad de ver,
la postura que adopto
cuando te estoy pensando,
cuando regreso
a tu voz y tus palabras,
como las piedras
que regresan a su río,
o el eco
que regresa a su garganta.

Ves, sin necesidad de ver,
los límites de mí que ya no tengo,
las puertas que te abro y no te cierro,
las ventanas que se asoman a un espacio
donde siempre habitas tú
como una estrella.

Ves, sin necesidad de ver,
los escondites
donde guardo los tesoros de tus cartas,
los paraguas que te aguardan en la lluvia
que nos moja nuestro ser hasta los huesos.

Ves, sin necesidad de ver,
toda mi vida,
la que ahora yo te pongo
entre los brazos,
la que sólo junto a ti
quiero vivir.

EMIGRANTES

Emigrantes de nuestros propios miedos,
como la luz emigrante de su propia sombra
que estrecha y acorta hasta volverla un punto,
una simple imagen de lo que nunca fuimos.

Guardamos inútiles y vanos sacrificios
en el cajón del armario
de la noche incierta.

Las ventanas se abren
a lo que espera ahí afuera;
las cortinas rasgadas
ya no golpean ni acosan
las copas de los árboles
ni los barcos pesqueros;
la copa de vino de la hoja
se bebe la alegría de un verde
que revienta en la boca.

Emigramos de un yo
que nunca fue un yo mismo,
a un nosotros que evita
la renuncia del otro.
No renunciamos a ser
nuestra propia imagen
en los espejos del agua

que mancillaron las piedras.
Somos la grieta
que atesora un musgo
para echar raíces;
somos el hueco
donde un dedo pone
su huella y su memoria;
somos emigrantes del silencio
en un campo de trigo
que conoce del aire
cuando se abren las puertas.

BUSCA LA NOCHE OTROS PLACERES EN SU VIENTRE

Busca la noche otros placeres en su vientre.
La luna cava un pozo de amaneceres dormidos,
se vuelve barro,
cruza, travesaño a travesaño,
e hilo a hilo,
lo oculto y lo sagrado;
contempla la amplitud del cielo
con ojos color del cielo
y los adora;
resucita con el deseo de morir de nuevo,
de morir y seguir soñando.
La luna inclina la cabeza
y besa el misterio de la noche
entre las piernas.

DESEOS NADA COSMOPOLITAS

Desearía
tomar las maletas más viejas que poseo,
llenarlas de objetos inútiles y desechables,
subirme con ellas a un tren
de los que ya no circulan,
viajar a la frontera de la incompetencia,
de los complejos que visten las paredes
de cuadros disuasorios
que evitan darse un beso.

Desearía
no ser la espuma de afeitar
que oculta las heridas del cuchillo
con la nube,
el semáforo en ámbar
que espera, como el verdugo,
llegue el rojo
para dar muerte a un incauto,
a algún cosmopolita
de los que pisan a fondo
y no temen al tiempo
y sus costuras, que se rompen.

Los relojes caen,
la fruta madura del manzano
espera que no tarden a la cita

los gusanos,
las horas son manjares para ellos,
empiezan por los segundos a abrir boca.

Desearía
tomar las maletas en esa noche
que empieza a darse muerte por los ojos,
que empieza a mirar lo que no quiere,
un largo amanecer de humo y ceniza,
el cambio de la piel por el volante.

No quiero que la sed de ti se cambie
por un anuncio de perfumes en la tele.

DE LO QUE AHORA SOMOS

Me vienes a buscar a la salida del trabajo.
No te orientas bien,
te pierdes varias veces,
confundes los nombres de las calles sin rostro,
extraña geografía de jungla de ladrillos;
solo mi nombre no te confunde en absoluto.
La brújula de tu piel se acerca
a mi sonido de huellas
sobre las hojas caídas del otoño,
los adoquines duros
reblandecidos de lluvia,
el chorro de luz
que proyectan las farolas en la noche.

Tu piel, imán de mis manos,
calor para ellas sin sombra,
enredadera que conecta los opuestos
norte y sur de la misma cuerda.
Me viene a ver antes que tú misma,
envuelta en ese aire que rodea todo
y se respira,
y me llena por dentro cada instante
de lo que tú eres,
de lo que ahora somos.

Sin demasiados lujos

La comida estuvo bien,
sin demasiados lujos,
a la medida exacta de nuestras ambiciones,
con los entrantes precisos
dispuestos sobre la mesa,
sin uvas, pero con queso,
sin golpes que enmascararan
el tiempo de los relojes
no clavados a las horas,
sin detenerse.
No hubo carne,
ningún hueso para atragantarse
en la garganta;
las palabras justas, fluyendo
como el vino transparente y joven
en las copas.
Hubo bocas cerradas pese a todo.
Un pastel de pescado y hojaldre
crujiente;
el hielo al resquebrajarse en primavera
bañó los paladares.
El peso del amor
abrió las cortezas del pan
recién horneado.
No hubo brindis.
Sí hubo risas.

Un postre de naranja y chocolate
deshizo nuestros platos con su dulce,
que no precisaba ver
para saberse vivo.
Hicimos algunas fotos.
El rojo de mi jersey puso la llama
al objetivo de la cámara.

Me veo retratado
en cada ojo
que desde su ayer
me está observando.

Nos pusimos de pie
después de los turrones
y saltamos algún corcho
que se dejó escapar
en las espumas de un mar,
apenas vacilante,
por nuestros corazones
nunca ajenos,
siempre presentes,
aunque estemos lejos,
lejos,
muy lejos.

Con esta carta en braille

Hoy, frías aún,
las teclas de la computadora
han garabateado tu nombre
en la pantalla,
y luego, desorientadas todavía,
han escrito,
con nostalgias de un pasado
de tintas y pizarra,
un mensaje de amor indescifrable.

Nada cuanto es hoy
comprende mi diario,
enarbolado de ti hasta la bandera,
vacío sin ti, de letras y de espacios.
Nada existe en este rompecabezas
de claves y de chips que no sean dígitos;
mi computadora no tiene buena vista.
Tendrás que conformarte
con esta carta en braille
y sin dedos.

AL LUGAR DONDE NACIERON

Fue necesario
buscar el calor en otras latitudes,
traerlo hacia nosotros,
como esas bandadas de aves migratorias
que regresan al lugar donde nacieron,
donde aprendieron
a compartir el aire que llevaban bajo las plumas.

Fue necesario
colgar abrigos en las puertas,
bufandas y gorros en las ventanas,
desatrancar desagües,
dejar correr libremente el agua,
encender el fuego,
combatir el frío y sus venganzas,
la amenaza del silencio,
el cambio de la ilusión
por la ceniza que gotea de los dedos
como un labio.

Fue necesario
buscar el calor,
subirse a una escalera para lograr verte,
aunque estés lejos,
acompañando
a esas aves migratorias
que regresan al lugar donde nacieron.

HASTA LLEGAR A UN FIN QUE ESPERO QUE NO LLEGUE

He comido algunos frutos rojos
y, al comerlos, he sentido sed de ti,
de ese dulce jugo que exprimes al besarme,
reguero de tu boca apasionada,
un río entre mis labios complacientes.
He comido
con hambre verdadera y desatada,
mientras te escuchaba
y te miraba,
y te sentía,
con tu pijama, escarlata y entreabierto,
como piel de un libro
que se abre entre mis dedos,
hasta llegar a un fin
que espero que no llegue.

LA ÚNICA VERDAD

Arrugas en la piel,
la plancha ya no puede
por más que lo pretenda
un hábil cirujano
quitar de la memoria.

Enderezar la curva
no es posible,
pues siempre se rebela
dando vueltas,
buscándose a sí misma
en las rotondas,
con cruces en la frente.

Las olas en la mar
siempre se enredan;
ningún buen peluquero
logra nunca alisarlas.

La piedra lanza un grito
cuando cae desde lo alto;
el agua que se asusta
explota y gira cuando calla.

Arrugas en la piel
se buscan en las curvas;
la ola se entretiene
en las orillas de la playa;
la piedra lanza un grito
y luego calla bajo el agua;
los besos de tus labios
son la esfera
que no sabe
su fin y su principio.

La única verdad
es la que gira;
el único pretexto
es el que muere.

Te veo como lo que realmente soy

Te veo,
reflejo de mí en el agua que se mueve,
que no permanece quieto,
que se riza con el aire
y se abre en círculos concéntricos
que se alejan, se extienden,
queriendo abarcar todas las fronteras,
sin dejar un espacio vacío
sin tu imagen, tu tacto,
la curva donde un labio se emancipa
y empieza a ser la esencia
de un gran beso.

Te veo
como lo que realmente soy,
la superficie blanca
a la que tú le prendes fuego con la voz
y dejas convertida en cenizas de tinta,
abiertas de par en par
por tu palabra.

LAS LEYES DE LA TERMODINÁMICA

Cogeré lo que de ti me dejaron las olas
cuando se fueron,
un mensaje encriptado en una botella
con señales de humo;
subiré por encima de ti
como tú ya lo hiciste por encima de mí;
descifraré la magia de un secreto,
líquenes en la piedra,
pérgolas del deseo
que ascienden tumultuosas
utilizando las uñas.
No caeremos;
en el abandono no seremos
inútiles pasajeros de un vuelo sin salida;
tendremos la oportunidad de tocar nuestras alas.
Tú y yo,
amordazados a la luz,
gritaremos nuestros nombres
en lenguaje de signos
para que todos los entiendan
aunque vivan lejos, muy lejos,
en una estrella que aún no tiene nombre
ni conoce los principios de la termodinámica.

LA ÚNICA VERDAD NUNCA VA SOLA

Un hombre, un anciano o un niño.
Un cuarto con grietas
en el techo de nubes
mientras llueve en vacío;
ventanas sin rejas, puertas sin cerrojos,
cortinas que, cayendo a plomo,
no miran muertos en la cama,
en las arrugas de sábanas que imitan
un océano de cine.
La sesión ya caduca de las cinco,
las filas del amor se van de largo
al suelo con medias sin costuras;
mentiras o verdades cuelgan,
un abrigo en la calle,
tú y yo nos quedamos quietos,
el revisor pasa
pidiendo los billetes
que aún no hemos comprado,
se sueltan como espigas.
Los ojos se dilatan,
el último pulmón se vende caro;
tú sabes que el aire no me pertenece.
Te amo;
músicas de acordeón

suenan en las ramas
que estiran sus cuellos
para el cielo.
No hay protestas;
todo continúa en cintas
que parecen un regalo tuyo.
La sorpresa se esconde en cada letra;
juega la pared con venirse abajo,
un ladrillo sabe cuáles son sus penas
cuando solo es barro entre los dedos.
Gime;
oímos la voz que lleva el agua;
si hay algo que nos moja, nos alegra;
gota a gota,
mi tierra entre tu tierra
a grietas con la voz
se va mezclando.
Nos amamos,
no por lo que fuimos,
sí por lo que somos.
La última razón es la primera.
La única verdad nunca va sola.

VINISTE

Viniste
cuando todo lo imposible
parecía demasiado,
a recogerte en mí,
entre sábanas blancas,
donde todo dolor
esgrime su pasado,
su fortuna, su esperanza.

Viniste
en un abrir y cerrar de ojos,
en el vientre de la luna,
aprovechando el parto
de la madrugada,
en ese romperse el horizonte
a las sombras,
en ese pecado que esconde
su tesoro.

Viniste,
tomaste el camino
que sube por mis piernas
y abrazaste
mis caderas y mi vientre;
llenaste de ilusiones mis ventanas,
de aire mis pulmones,

cubriste mis ojos
con el profundo mar
que nace de tu boca
y así me consumiste,
haciéndome de nuevo
bajo un cielo de estrellas
en esta última noche.

UNA BUHARDILLA

Una buhardilla de techos bajos
se presta mejor al amor
que un gran palacio,
pues pone a los amantes
a la misma altura de los ojos,
olvidando diferencias,
reduciendo las distancias,
colocando en la misma línea horizontal
la boca,
la de él y la de ella,
tu boca de la mía;
en ese encuentro que ya no necesita
de más soles que deslumbren,
ni muestren sus riquezas.

Las manos hacen pie bajo la tierra;
mis manos se hincan
en tesoros escondidos, los tuyos,
que saben asomarse a esa ventana
donde unas flores hablan con nosotros
de esa única verdad,
sin tapias ni costuras.

Tenemos la razón, cuando al besarnos
dejamos escondido sin segundos
al tiempo,

como un niño
mientras pinta en las paredes
un lugar en que no muere,
una puerta sin cerrojos,
una luna reflejándose en un río.

Una buhardilla,
como ya he dicho,
sabe del amor más
que un gran palacio,
ve llegar la luz
antes que nadie.

UNA EXPERIENCIA NUEVA

Una experiencia nueva
repleta de emociones,
en verde, naranja y amarillo,
gotea por los brazos
como una lluvia fina,
anestesia la boca,
casi como un beso,
en un lugar prohibido.

En un jardín secreto,
gargantas de metal
donde la piel se pierde
y se nos roba el frío
tienden redes,
no de pesca;
todo vuelve al sitio
de ese niño inquieto
que sueña con pequeños soles
sobre el vientre hinchado.

Se nace a la luz
de las manos del maestro
que cose los defectos
que hay en el abrigo
y escribe en las paredes
un corazón tuyo.
Se extienden las palabras
como viejas flores;

los pétalos bailan
entre sesenta y noventa
a impulsos de ese mar
que sí rebosa en peces
que abren bien la boca,
respirando.

Duermo, hay silencio,
la noche se desnuda
de cualquier estrella errante.
Te puedo imaginar
en todas las montañas
del electrocardiograma,
que son como tu cuerpo
que pone melodía
en mis oídos.

El tiempo pasa,
las agujas del reloj mueven sus dedos
e invitan al lavabo donde fluye
el último regalo de la noche,
dejando esa constancia de estar vivo.

Al otro lado del dolor están tus brazos;
el barco en que navego
no para de moverse;
esta experiencia nueva
firmemente lo atestigua;
el amor también se siente
en la camilla del quirófano.

LA BÚSQUEDA DE TI

La búsqueda de ti comienza ahora,
en este vagón de metro que discurre,
en este tiempo ciego que se mueve,
como la serpiente en el desierto
buscando agua.
Tú eres esa agua
en la madrugada goteante
de todo lo verde,
despojada de sombras,
maquillada de cruces,
que solo cree en Dios
cuando te acercas
al subir la marea,
por la sequedad de mi pecho
que se ablanda y se vuelve
de sal en el agua
de tus dedos múltiples,
sin arañazos,
sin ningún aditamento,
sólo tú misma,
en este despertar en que voy
mientras te viajo,
te navego, te vuelo,
te recorro.

8 DE ABRIL

8 de abril.
Llueven flores de pétalos amarillos
y varillas de paraguas goteando lluvia.
El sol se acerca a consumar la dicha;
la luz penetra espacios aún vacíos,
paredes huecas, camas sin oleaje.
Me veo por primera vez en los reflejos
de este ordenador que acierta con mi nombre.
Sabe tan dulce mi palabra en tu boca…
Nadie como tú remueve el café con leche
de este desayuno que ahora estoy tomando.
Hay un calor de esponja
y humedad en las almohadas
que reciben tu cabeza;
las tomo entre mis manos,
las acuno, las huelo.
Los campos de la vida están pasando
delante de mi puerta abierta.
Mis ventanas semejantes a las tuyas,
con las mismas cortinas
desnudándose en el aire,
despachan sin heridas los cristales.
El humo sale
por las chimeneas de las casas,
acaricia las nubes,
bebe de las gotas azules

que hablan con el cielo;
cielo sin fronteras,
despegándose de prohibiciones dañinas.
Sin dolor, la madrugada existe
como la sangre que se asemeja a un río,
y todo corre
en un tiempo de abrazos
parecido a ti en todos los segundos.

9 de abril.
Mi encierro acaba;
me vienes a encontrar con un ramo de rosas
y esa locura innata que mira por tus ojos
las vueltas que la vida nos ofrece juntos,
haciéndonos de nuevo
bajo la lluvia sin lágrimas.

En una habitación de hotel a miles de kilómetros

Con tu pijama rojo
en la noche peregrina,
en una habitación de hotel
a miles de kilómetros,
sintiéndote a mi lado
en esa cama inmensa
que busca en su oleaje
la orilla de mi pecho,
el húmedo destello de mi boca
entre las nubes;
tú,
a punto de dormirte,
soñando con la nieve
que cae plácidamente
por la almohada,
en el rincón prohibido del espejo
que te mira en la penumbra
y sabe descubrirte
en cualquier sitio
marcado con la punta de tus dedos;
me hablas
con esa luz que se abre
un hueco en cada letra,
de la inocencia de esas flores

que reposan
sobre la mesa en que ahora
tomo un desayuno
cargado de ti
hasta el último sorbo,
hasta el último sorbo
y el primer mordisco.

A SOLAS CONTIGO

La casa ya en silencio.
Mis hijas de camino hacia la escuela
arrastran números y letras,
con luces y sombras.
Las paredes se desprenden del bullicio
y quedan para mí a solas,
mirándome;
ellas y yo sabemos
lo que debajo de la piel aguarda,
esa caja de sorpresas
con la música de un rojo laberinto.
Los pisos hablan con los recuerdos
de tus pisadas sobre ellos;
me acompañan
en el lento deambular al desayuno,
en que, sentado ante la mesa,
con el jarrón de las flores
que tú me regalaste,
saboreo
esas rebanadas de aceite y miel
como si fueran labios,
los tuyos,
y veo,
en el humo que asciende
del café con leche,
la suavidad de tus dedos.

Nada me complace más que dibujarte
sobre el blanco,
con el aceite que gotea
y esas migas
cayendo entre mordiscos,
repletas de un deseo
de piedras frente al agua,
moldeadas…
Y hacerse solo arena.
Yo levantaré castillos con tus manos,
con esa firme decisión de estar conmigo,
de levantar el aire
que está bajo mi ropa,
esperando
a la ventana abierta
para fugarme
al rincón de tu cuarto,
a esa almohada que estrechas
cuando te llamo en la madrugada
y me meto en tu cama,
y saboreo, muy lentamente,
tu boca.

No hay errores de cálculo

No hay errores de cálculo:
en el día D, a la hora H,
acabará todo de forma repentina,
al amparo de puntos suspensivos
que acarrean incógnitas
de finales de guerra.

Las páginas de un libro cubren
de amor sus lágrimas;
las letras son negocios para el aire
cuando suenan en espacios,
sin puertas, ni ventanas.
Todo corre a su destino con lo justo,
así debe de ser.
Lo que está mal se escapa
por el golpe de las piedras,
y, ya sin fe,
nos abrazamos,
hasta hacernos polvo,
solo polvo,
solo eso.

TODO LO QUE DE TI SÉ ME VIENE A TRAVÉS DEL AIRE

Todo lo que de ti sé me viene a través del aire:
los sonidos de tu voz en la mañana encendida,
el golpeteo de tus pasos en los silencios de la tarde,
el crujido del otoño envuelto en nubes,
el deslizar de las hojas abiertas de un libro
donde tus dedos van dejando huella,
los sorbos lentos del café caliente,
el humo que asciende enredado a tus pestañas,
las puertas que se abren cuando tú las traspasas,
el olor a madera de tus labios,
el recuerdo a bosque de tu cuerpo enfebrecido,
repleto de pájaros que anidan en las sombras,
esa armonía de la sal dentro del agua,
ese contacto de tu piel que levanta a los océanos
de su calma sin barcos, sin mareas.
Ahora siento las olas de tu boca y tus abrazos,
tus idas y venidas hacia mí por el aire,
con esa verdad húmeda que trajeron las lluvias,
más allá de la raíz que imagina el verde,
más allá del deseo que florece en tus manos.

TEJIENDO TODOS LOS HILOS

A través de las palabras
la luz teje sus hilos
y en los silencios,
sombras.
La semejanza está bien clara,
pero, no obstante,
no debemos asumir
que la bondad y la belleza
sean siempre aliadas de la vista;
la noche abre un portal a otros sentidos
que crujen, silban, se desmantelan
y enredan las letras,
como migajas de un banquete
al que acudirán los pájaros.
Hay insectos que han descubierto
la necesidad del hambre
en esos restos blancos y esponjosos,
laberintos del aire.
Nadie ve lo que no quiere ser visto.
Aquello que no se deja amasar
libremente por las manos
vuelve a ser piedra.
No abrir la dentadura al mordisco
es renunciar al menos a una vida,
una vida semejante a otra cualquiera
propensa a derramarse

en los confines de un espacio
en un tiempo de cigarras.

Te puedo querer desde el contrario de mi odio,
desde el silencio que aún calla si no escucha,
si no logra adivinar
dónde cuelgan las redes
los sonidos del alba.

Las paredes son órbitas de unos ojos
que miran hacia dentro.
Con la boca de ayer
te amaré mañana
hasta que vuelvas a ser hoy.
Solamente hoy
te estaré queriendo
en la sombra
a través de las palabras,
tejiendo todos los hilos.

BISAGRAS DE UNA PUERTA ABIERTA EN ÁNGULO

Mi yo,
como bisagras de una puerta
abierta en ángulo
en el viaje del sol por el cielo,
no se olvida de los rezos
del ciprés en llamas,
de la semilla del arce
extendiendo los brazos,
del borrón de la hormiga
en el centro del punto,
de los hilos de algodón
de la diminuta luna
que crece
para recordar su olvido.

Mi yo,
siendo ambas caras
de la moneda,
cometa unida a la mano
por la cuerda,
extremos de la sonrisa
que gotean como una lágrima
las sombras, refugios del silencio,
lugares desde donde las palabras

saltan en busca de flores
que las conviertan en fruto.

Mi yo
desdoblado en dos,
acariciado en dos,
amado doblemente por dos labios
que completan una boca;
unido en dos,
bisagras de la puerta
que se abre en dos,
y entras
tú
en el viaje del sol
por nuestro único cielo.

MAPAS EN TU PECHO

Con mapas en la espalda
y arena en los bolsillos
un cuerpo deja al aire
la insólita manera
de conocer sus límites.

Los dedos razonables,
muy duchos en batallas,
desempolvan las hojas
algo olvidadizas
de esos verdes hambrientos.

Las cascadas y las fuentes
valientes al vacío
devuelven al agua
sus colores más viejos.
Todo cuanto cae
tiene un color que lo atraviesa
en ese lugar donde el dolor
abre la puerta como un rayo
y deja dos mitades que, al unirse,
completan la mirada penetrante
de esos cinco sentidos.
Ese silencio,
que a veces lleva letras,
suena como el tañer de una campana

en unos labios al cerrarse;
la parte más veraz
del loco sacrificio,
la sangre que se extrae
de aquello que se quema,
la vida que rebosa
en cualquier pozo,
aunque vacío,
el eco
que repite incansable
el golpe de las piedras,
la arena acumulada
en los bolsillos,
el aire que dibuja
mapas en tu pecho.

En cualquiera de las noches de esta vida

Me pregunto
qué pensarán de nosotros las paredes
en que habita nuestra cama;
ese mar, contenido en sus ladrillos
con azules visiones de futuro,
donde sabemos hundirnos lentamente,
donde descubrimos el valor del aire,
de la burbuja, ligera como un sueño,
desprendida de la boca
en su ascenso al cielo.
Somos,
con la promesa de la lluvia liberadora,
la nube que se estruja en el desierto.
Sabemos sacar todo el jugo
que lloran las palabras,
letra a letra.
Mis oídos no se sacian
de esa agua que brota de tu lengua;
soy el pozo de tu ombligo,
el recipiente que recoge
hasta tu último bocado,
el sacrifico inexistente que no duele
para tenerte a mi lado
en cualquiera de las noches de esta vida.

TE VI DORMIDA, ARROPADA POR EL TIEMPO

Te vi dormida,
arropada por el tiempo
que, al fin, supo entendernos.
Con tu conciencia
tranquila en la almohada
disfrutabas de la nube,
de su lluvia interna;
deslizabas el cuerpo por el lecho
borrando las fatigas como el agua,
soñándote a ti misma
en ese sueño,
sin palabras superfluas,
con la razón bien despierta.

SANTIAGO

Santiago sabe,
entre torres de algodón
que disputan al cielo
la sed derramada y milenaria,
a pimientos de Padrón
que pican de vez en cuando;
a recuerdos de un mar ajeno
colgados del cuello;
a ese dolor en los pies
que no precisa de cruces
ni de espinas.

Con su tesoro liberado de museos
vive Santiago
en el granito pisado tantas veces,
en el impulso del agua
por horadar un tiempo
vacío de silencios y palabras.

El calor, inoportuno,
regala el deseo de la sombra
al otro lado de los arcos.

El humo de la fe se extiende
con un olor virginal que no precisa
de templos para seguir vivo,
y vivo, progresar por esta noche
con estrellas o sin ellas
para llegar hasta ti.

PLAYA DE GUINCHO

Tú no estabas.
El viento, dentro y fuera de las olas,
recuerdo de esos aplausos
que obtuvieron nuestros cuerpos
al entrelazarse,
es un ente de mirada salvaje
y dedos sueltos
que amordaza al océano
con un hilo blanco;
caballo desbocado por la lengua,
conocedor de la sed de las montañas
que deshace.
Todo en la orilla
es un montón de recuerdos disgregados,
de momentos álgidos,
de choque de brazos con rodillas,
de dedos incrustados
en los dientes del molusco,
sonidos de ese anhelo
dando vueltas,
apaciguado en el oído,
en ese núcleo donde el sol
se vuelve vela.

Playa de Guincho,
las curvas de tu piel en movimiento,
sin descanso,
hacia mi boca que las bebe,
aunque tú no estés,
día tras día.

GLORIETA DE QUEVEDO

En las inexistentes esquinas
de la glorieta de Quevedo,
a eso de las 7:30,
tu cuerpo,
un racimo aún oscuro de tu cuerpo
de amarillo subido por la boca,
lentamente,
se hace mío.
Comprendes
que para que esto sea posible
es necesario
limar las asperezas de la calle,
el ocaso perdido de las hojas,
la difusa frontera entre nosotros.

En la glorieta de Quevedo,
a eso de las 7:30, como ya he dicho,
la punzante luz del mirlo
abre las puertas,
y nada queda atrás, salvo la noche,
el único lugar que ya no existe,
como dos gotas de agua
que se funden.

ISLAS CÍES

Como un anillo que rodea el mar,
las islas Cíes esperan la alianza
entre el humano y el ave,
entre la tierra y el agua.
Llegamos a ellas sobre las espumas
de los restos fósiles de miles de montañas,
de los pasos que sobre ellas se dieron.
No pusimos nuestros ojos bajo las sombrillas,
arracimadas uvas secas sin licor alguno
que pudiera emborracharnos.
No tuvimos tiempo para el humo de las chimeneas,
para las huellas de luz sobre los barcos
alejados siempre de la orilla.
Nos hundimos como lo hacen las flores en el prado
para no ser comidas,
para perdurar en el incógnito de las sombras
de esos pocos árboles retorcidos por el viento.
Fuimos silencio casi imperceptible entre las hojas
llenas de sabiduría inexplicable.
No nos casamos el uno con el otro,
pero, a pesar de todos los pesares,
supimos con total certeza
que las islas Cíes fueron
ese anillo que nos une
sin precisar palabras.

CABO DA ROCA, FIN DEL MUNDO

Volvíamos tú y yo del fin del mundo,
donde se funden los vientos de todos los mares,
donde un catecismo
cincelado en las piedras de los acantilados
da testimonio de los dioses más severos;
un lugar de conversaciones dispares,
entremezcladas,
con idiomas y destinos muy distintos.
Allí supimos
cuál era la verdad que habitaba en nosotros,
la luz que nos guiaba
en esta y cualquier otra noche
levantada como un antifaz sin cuerdas;
donde la vista no era necesaria,
donde las manos
no precisaban echar mano de la oración
para mantenerse unidas,
y sin religión, sin corona de espinas,
sin señales directrices,
ni prohibidos en las orillas del camino
que impidieran beber uno del otro.
Así marchamos
por los finales de vuelta a los principios,
y al llegar a la casa sin llave

que nos abriera
un rincón de la memoria,
nos fuimos
a celebrar la noche
con tu mirada y la mía
puestas en la yema de los dedos.

FOTOS DEL PASADO

Algunas fotos
hablan de un pasado remoto
que ya no existe,
que, sin embargo, no rechazamos;
donde el fuego de la vida
no se atrevió a quemar las velas
de los barcos errabundos,
que no llegaron a un puerto
donde echar el ancla.
Algunas fotos
son espacios en blanco sin sonido,
necesarias para seguir la historia,
sin las cuales
cualquier frase no se entiende,
amontonada una sobre otra,
bloque de pan o de cemento
sin aire en su entramado,
sin lágrimas en su llanto;
como una piel que se descama,
una uña que se cae después de un golpe,
que deja de ser nuestra
y lleva en sí parte de nosotros,
aunque solo sea un grano de arena
en una playa donde recostarse
y pisar con fuerza,
y correr como tú lo haces;

porque lo que se ama
es fruto del dolor y la alegría del pasado,
que sólo supo hacernos de esta forma,
con todos sus defectos y virtudes.

ESE ESPACIO QUE NO PRECISA BRÚJULAS

Ese espacio en que estuviste,
en el que dejaste de estar así de pronto,
carece de sentido,
pierde la brújula que señala el norte,
olvida sus contornos definidos,
se vuelve, irremediablemente, humo.

Fotografía impresa en la memoria
que podríamos ser tú y yo
sentados en un banco,
dejándonos llevar por la tarde
de peldaños doblados en el tiempo,
donde ser como se fue resulta fácil;
hojas sin más, mecidas por el viento
al otro lado
y por encima de nosotros;
velero sin fatigas,
sin búsqueda de un puerto
que aprende a ser gaviota
ola tras ola;
espacio sin lugar que brilla en todo,
que vuelve a su sentido estando loco.

Yo quiero la locura de tus besos,
la brújula para eso no me sirve.

A un botón de ti queda mi boca

Enhebrar una aguja
a vista de pájaro
requiere pulso firme y sereno,
constancia, esfuerzo, hilo,
hilo fino entre los dedos.
Se cierra la voz del que está gritando,
con lágrimas las palabras del contrario
se diluyen;
pecado original en el confesionario,
vela que sabe a humo
con poca mecha asciende.
En el alma de la aguja
un viejo roto
por donde el hilo escapa sin ojales.
A un botón de ti queda mi boca
que solo cerrará si alcanza un beso.

Cascais diluye su silueta en la noche

Cascais diluye su silueta en la noche,
la penetra con soltura a través de los ojos,
deja en el mar su mirada cautiva,
la seguimos de la mano hundirse;
como gotas de lluvia, se resbala de las hojas,
se vuelve instante melancólico,
insistencia profana
por volver a la tierra en la que fue hecha.

Cascais nos regala
torres amarillas al borde de la playa,
bañistas indecisos,
fuentes de azulejos,
gallos emplumados
lanzados a un torneo de princesas.

Hay tesoros clavados en las aguas
como el viento se clava en tu sonrisa.

El paseo se acaba en una plaza,
en un rincón
donde las mesas crecen como hongos,
cubiertas de manteles a colores.

Un vino blanco abandona la luna,
entra en nuestras bocas, deja a la lengua,
convertida en espuma,
avanzar el uno sobre el otro.

La noche,
ya desnuda de artificios y ruido de motores,
extiende un velo salpicado de estrellas,
un camino que seguir de la mano o del brazo,
donde no queden sombras que nos roben
el silencio y la palabra.

Última tarde en Portugal

El mundo parecía estar prohibido
a todo aquel que no fuese yo;
quedaba lejos, muy lejos;
sentía, no obstante,
la humedad en mis manos,
ese deseo por abarcar o hundirme
en la niebla,
en el olvido de los dedos
que ahogan como espinas.
Dejé de ver aquello
que engordaba mi avaricia
de una manera áspera y salvaje;
selvas en continuo crecimiento
capaces de borrar los besos de la boca.
No era necesario mirar al sol
para saber que allí estaba como tú,
al otro lado de la noche,
al otro lado de un día
sin espejos en que verme;
porque no me reconozco
si no estás a mi lado,
pegándote a la almohada
que borra las fronteras en nosotros.

Íntimamente sueño que no existo,
que soy ese nido oculto en tu memoria,
sonidos en tu amanecer descalzo,
vaho que sobre el cristal desaparece,
el calor de aquí
y la luz de afuera.

DONDE EL AMOR VIVE NO HABITA EL ODIO

Donde el amor vive no habita el odio,
ni el rojo desamparo de la sangre
derramarse por los puentes,
de ida y vuelta,
que pierden el sentido
y que te obligan
a no darte la vuelta,
a no mirar detrás
a quien persigue,
con intención quizás recaudatoria,
un beso.

El odio es esa flor que no da fruto,
la piedra que no para de dar vueltas
y nunca encuentra el río que la lleve.

En el odio se habita sin vivirse;
yo sé que vivo porque no te odio,
porque soy el fruto que ahora te alimenta,
la arena que tú pisas porque no soy de piedra.

Y sigo dando vueltas alrededor tuyo;
el río con que me ganas
hasta llevarme al mar.

Un labio

Un labio se exprime sobre otro,
deja su jugo en él,
su bote salvavidas, su amuleto,
la cuerda en la que cuelga sus verdades;
la enciclopedia
que se aprende a simple vista,
letra a letra;
los mapas del tiempo
que dejan a la lluvia diluirse;
caparazón de espumas
que deshacen lo imposible de las rocas,
la inseguridad del pulpo
cuando extiende los brazos
y entremezcla en el mar
el agua con la tinta,
lo visible y lo invisible,
el silencio y la palabra.

Se definen los labios
como esas dos mitades que se unen,
esa sorpresa que se agranda
y se interroga;
la comunión perfecta
del ocaso con el alba,
la migración palpable;
del norte con su opuesto;

la línea que no acaba ni se borra,
aunque la frotes,
aunque la pretendas
encerrar en una urna
sin llaves en los ojos.

Un labio es oro
para cualquier sentido,
y va desnudo
sin vocación de tesoro,
por el aire
extiende alas
y aquel que las merezca
no sufrirá de vértigos,
ni padecerá más males;
mirará hacia abajo
lo que florezca arriba,
será como un dios,
pero sin miedo al pecado;
la verdadera nube
que siempre
llevará el agua.

CUANTO EN TI HABITA

Hoy se puede decir
que cuanto en ti habita
lo está en verde;
en ese pulso por la vida desbordado
a través de orificios, licores, huecos y palabras,
por cada uno de los poros de tu piel abiertos,
anunciadores de la luz como luciérnaga
que se apropia de ella un solo instante,
un infinito comprimido en segundos,
en un pestañeo revolucionario
para todo cuanto vuela
y está suspendido del aire.

Realmente el aire no puede apresarse;
va y viene, revolotea,
escribe largos discursos a pluma,
apenas deja poso en los oyentes;
un leve cosquilleo revuelve los cabellos
hasta hacerlos similares al océano,
que avanza y retrocede, mastica y saborea
el único metal que merece fundirse,
lentamente,
en tu boca y tu saliva.

Ninguno de tus sueños
necesita bañarse en el oro que otros
ostentosamente guardan
en las cajas de seguridad de un banco,
en las guanteras de sus coches de lujo,
en las hojas de calendarios de oficina.

Tus otoños pasan de largo sin dejar caída,
toda primavera te protege.

Hoy se puede decir
que cuanto en ti habita
lo está en verde.

LUGARES PROPICIOS PARA DEJAR HUELLA

Lugares hay propicios para dejar huella;
piezas de rompecabezas que encajan unas en otras
averiguan dónde fue el crimen,
a qué hora sucedieron los hechos.

Velas o enredaderas
mantuvieron en vilo los colchones
en espacios
que a veces no cerraban con puertas.
Aire, como los discos,
que no paraban de dar vueltas,
salpicaban la lluvia que traían las manos.

Un revoltijo de ayeres
sembraba paredes y suelos
con más letras que palabras,
con más océanos que arena.

Mucho había que hacer en los armarios
que guardaban apariencias de orden,
de tenerlo todo controlado bajo llave,
hasta la menor de las promesas
y la más frágil de las cartas.

Lugares
sabiamente desenmascarados
de gemidos, escondidos bajo las ropas
que, ahora sí, tenían su dueño.

Hay huellas que no se borraron,
creciendo abundantemente en lugares
que son la primavera,
en campos de algodón y margaritas;
en amplias avenidas
donde el amor se detuvo;
pequeños huecos
donde cabían dos manos;
nidos donde el hogar no será la ceniza,
no caerá de los árboles,
dará siempre un buen fruto.

Lugares hay muy propicios
para dejar huella;
lo difícil a menudo es encontrarlos,
saber cómo se mira en ellos.

A LA ESPERA DE QUE VUELVAS

En esta habitación que parece ahora
más grande y vacía,
de paredes ahora resecas
por el sol de agosto,
con cuadros ahora aburridos
por no encontrar quien los mire,
se habló de amor hace muy poco,
se vieron muestras de entrega
a manos llenas;
se traspasaron puertas
con un brío de cosecha,
con una necesidad de alimento
que abarcó a todo sentido,
en toda estancia
donde una silla podía soñar ser
su propio trono,
donde un pan seco e impío
imaginar ser manjar de dioses.

La habitación en sí, como no he dicho,
carece de lujos
que pudieran llamar la atención del visitante;
abierta en tres de sus cuatro costados
por salidas ahora interrumpidas de ahogo,
de faltas de aire,
por la ausencia de ti,

de la humedad que dio voz a las paredes,
mudas ahora,
ahora sumidas en un letargo invernal
a la espera de que vuelvas
y las puertas te reciban,
una a una,
de par en par,
sin un solo golpe.

LAS DOS MITADES DE UN TODO

Fue ayer como lo pudo ser mañana,
sonido repetido y bullicioso,
borboteo de palabras encendidas
saltando sobre los silencios de un puente
aún en obras,
cuando todavía desconoce
a esas dos mitades que unirá,
que tomará de la mano
como una madre lo hace con sus dos hijos;
esa parte de ser parte de otros,
prolongación y semilla, raíz y tronco.

Un río no se sabe que lo es
si no ve sus dos orillas,
si no tiene la posibilidad de abrazarlas,
de tocarlas con manos volubles y cambiantes,
que, sin embargo, se afianzan
en cada piedra que trasladan
con mimo a su destino,
a ese lugar que tan bien conocen los poetas:
«las vidas son los ríos
que van a dar a la mar que es el morir»,
que es el vivir los unos en los otros,
como tú lo haces en mí y yo en ti,
atravesando puentes,
deshojando margaritas,
asegurando las dos mitades de un todo.

DE VUELTAS

De vueltas a un piso sin terraza,
veo sin vistas a un mar que ahora imagino
rectas que perfilan el horizonte,
tras el cual los barcos se derraman
por la tierra plana que se hunde
y deja de ser ese posible a lo lejos,
pero quizás tal vez un probable si se acerca.

De vueltas de ese mundo de cargueros
atracados de piedras en oasis
por camiones que van dándolo todo
con relojes de arena de un desierto
en los bolsillos,
se oye el pasar de las ruedas
debajo de nosotros,
ese sueño giratorio perenne repetido
que, aunque cierre los párpados
de todas las ventanas
cuando regrese la noche a poseernos,
no impide que yo sienta
que vuelves a mi lado,
esté o no esté
en ese piso con terraza,
con azules o sin ellos de un mar
que nos marca el horizonte
que nada hacia nosotros
sin reglas
de ningún tipo.

A TU LADO CAMINO

A tu lado camino
por un tiempo sin cenizas
en que aprendo a conocerte
a través de los espejos,
que me devuelven la vista
a la vista de tus ojos
en un eco prolongado
de tu ayer en mi mañana.
A tu lado soy yo,
solo yo y no otro,
un lugar en donde hallarte,
quedarme a cualquier hora
en el abismo intrincado
de tus dedos en mi cuerpo,
donde se enciende un dios
y una bombilla se ahoga,
donde la paz en los cristales
solo existe si se rompen,
donde las batallas se ganan
sin derramamiento de sangre
bajo las sábanas blancas
de nosotros.

EL MARCO AHORA PERDIDO DE ESA FOTO

Uno puede ver
como un dedo sin querer,
por pequeño que sea,
puede borrar las historias de un pasado
en un solo instante.

Esa lluvia pertinaz,
a veces aburrida,
deshace sin remedio archivos,
aleatoriamente.
Imágenes y letras gotean,
unas tras otras,
desagüe abajo,
hacia el submundo de las alcantarillas,
donde todo lo inservible se reúne
y recompone
monstruos de múltiples caras;
la negación del yo
en cada uno de ellos,
afianzando la dureza de los puños
en contra de la corriente
que los lleva,
a un olvido de máscaras de gas
donde el aire es pecado
para la flor más mustia.

Uno no puede ver
la locura que abre un beso
si antes no vio
la cordura que cerró un abrazo;
el roce equilibrado de unos labios
que respiran
la noche que fue ayer
cuando se acaba
y deja de ser, tan solo nuestra;
millones de fragmentos que reflejan
el este y el aquel, el tuyo y mío;
un mundo que traspasa
el marco ahora perdido
de esa foto,
que no recuerda su fecha.

CUATRO MANOS EN UNA MISMA MESA

Cuatro manos en una misma mesa
se reúnen alzando el pan,
llevándoselo a la boca,
masticando palabras sueltas;
el aire suelto dentro de la miga
que pudiera ser
el alimento de unos pájaros
que vuelan en círculos,
círculo a círculo;
la vida repetirse sin molestias
de inicio hasta el final,
adelantándose una estación a otra,
uniendo dos corrientes
en un solo progreso,
compartiendo en una mesa
cuatro manos, veinte dedos,
palabras entrelazadas,
silencios que viven en el viento
toda una noche dentro de unos ojos;
esa capacidad de ver
debajo de los manteles
las manchas que hay en la mesa
alzando el pan,
masticando palabras, letras, sonidos.

UNA GOTA DE AGUA O EL CICLO DE LA VIDA

La misma gota que ahora cae sobre nosotros
cayó algo más desnuda hace un tiempo
sobre la mente sedienta de un viejo dinosaurio.
Por su piel rugosa, sin pelaje,
vino a entrar en una tierra
que la acogió como a un hijo;
de allí nació, de un vientre oscuro,
silencioso, de cabellos goteantes,
de sueños invertidos.
Recorrió su camino junto a otras,
vio la vida de lo más grande
y de lo más pequeño;
piedras que se hundían al querer besarla,
hojas que flotaban sobre su piel húmeda.
La transparencia de un principio
se volvió memoria;
llenó de arena sus bolsillos,
de peces los huecos de su boca.
Llegó hasta el mar,
dejó de ver los límites
de un tiempo solo suyo;
sintió la ingravidez debajo de sus piernas,
el calor de sus manos,
los ojos escapándose dentro de una nube,

el aire al respirar
entre las plumas de un pájaro.
En esa ceguera de ya no ser un cuerpo
cayó de nuevo, ahora sí, sobre nosotros
y bebimos de ella,
como lo hacemos de alguien
al que amamos mucho:
hasta la última gota.

Siempre más

«Siempre más»,
como esa fuente
que va detrás de un beso inagotable,
te repito,
en toda despedida abierta al color
de las flores,
de los ramos de flores,
de los jardines de flores
que alguna vez pronunciaron nuestros nombres,
que alguna vez dejaron su arrogancia en los anillos,
su patriotismo en las banderas,
su merecida belleza reflejada en los estanques
para ser, mientras nos vieron,
tributo a la constancia de este amor
que no nos suelta,
permanentemente erguido
en los extremos de la boca
que nunca volverá a cerrarse.

NO SON NECESARIOS LOS ESPEJOS PARA AMARTE

No me veo reflejado en los espejos
que con torpeza fabrica el hombre,
en los cristales
que bendice o maldice la lluvia,
según los casos,
en los lagos
en los que las piedras
recuperan el sueño
después de un tiempo perdido
sin sorpresas;
mi reflejo está más bien en esos rotos
que me cubren el vientre y las espaldas,
en ese silencio que se pega a mí
como una sombra sin costuras,
como el badajo a una campana
que voltea,
intentando alejarse de su voz.

Me molesta el ruido;
no subo las escaleras con estruendos;
cuando llamo a alguien,
procuro no alterar
la tristeza de las nubes,
la armonía transitoria de las flores;

que ningún semáforo en rojo
me amoneste por un grito,
un mal gesto,
el robo de una simple hoja
en su agonía del otoño.

No soy bueno haciendo puzles;
los pedazos de mí se esparcen
como un vaso caído
hasta arriba de agua.
Todo cristal es reflejo
de aquello que contiene sin ahogos.
Todo yo soy tu reflejo,
un repetido tú infinidad de veces
en cada gota mía,
sediento siempre,
sin necesidad de espejos
en que me mire
cuando te hablo,
cuando te estoy hablando,
cuando sé que tú me escuchas
apartada del ruido,
escaleras abajo,
sin sombra en las manos
con que asirte a las mías,
amor,
siempre a las mías,
a las mías siempre.

DONDE UN TIEMPO SE CONSUME OTRO TIEMPO SE COMPONE

Donde un tiempo se consume
otro tiempo se compone
de unas cenizas que rehacen
altos bosques hasta el cielo.
Hay abrazos discontinuos
de esas llamas desplegadas
que se vuelven con el frío
simple humo que se escapa.

No hay manera de quedarse,
pero irse no se puede
entre el sonido de ascuas,
entre el pesebre de manos calientes,
que ahora me hablan
con un sonido acuciante
de hojas verdes y hojarasca,
de atardeceres de otoño,
de lluvia sobre las ventanas.

Donde un tiempo se consume
otro tiempo se compone.
La marea es lo que tiene,
lo que deja, lo que toca;

cuerpo a cuerpo,
arena, agua
y alguna quizás caracola
desde donde escuchar el mar.

UN AMOR QUE NO PRECISA DE OTRA MANO DE PINTURA

Es necesario darle una mano
de pintura a este techo
que se está resquebrajando.
Ya han caído
algunos trozos de corteza,
reclamo de este otoño
que evita las ventanas,
por donde se filtra la luz
y, con ella, las flores,
las abejas,
con su ruido zumbante,
aunque no tanto
como el de esos cuerpos
desmembrándose en la cama,
acoplándose en ella,
vertiéndose en ella, diluyéndose,
con paciencia erosionándose,
atacando con hondura
las crestas de las montañas
como si fueran ríos,
como si no existiera un ayer
ni existiera un mañana.
En cada dedo llevando
un domador de nostalgias,

un abrecartas de sueños
que van tornándose
en realidades.

Hay esperanzas sin verde;
hay corazones que amasan
un otoño sin caídas;
dorados que rezan
a los tesoros de la carne,
a la lluvia vertida,
palmo a palmo,
sobre ella.

Hay millones de palabras
que se fueron a un lugar
donde el olvido no llega.
Buenos recuerdos presentes
que no llegan a resquebrajarse nunca,
que no precisan, como este techo,
de otra mano, prolongada,
de pintura.

QUEDARÁN TUS MANOS

Quedarán tus manos
para hablarte de este amor
insumergible,
capaz de amortiguar
cualquier caída,
de sacar el fruto
de todo aquello
imprevisible,
de descifrar los enigmas
que se planteen
cada día.
Quedará esa arquitectura
del amor profano
en la caricia,
ese levantamiento
sinuoso de la carne líquida,
que hace presa
de la lágrima,
de todo un cielo
que germina
por los ojos
y no protesta
cuando cae la lluvia,
porque toda humedad
es siempre

bien recibida,
y todo deseo recibe
la bendición
de tus manos.

EN UN TIEMPO ALEJADO DE CUALQUIER GEOMETRÍA

En este viernes de finales de septiembre,
desprotegido de la luz de las gasolineras
junto a otros sueños de autobús avanzo,
a través de las lágrimas suspendidas de autopista
que aún no reconocen lo mucho que ha llovido
desde que el hombre rueda
y la rueda gira.

En las paradas del hambre en donde sé que habitas
tu nombre se anuncia en las señales de tráfico,
una flecha me advierte del camino que sigues,
la distancia que aún falta para llegar contigo.
Y sé que no será fácil eludir los semáforos
para que nada me pare hasta llegar a tu lado,
en un tiempo alejado de cualquier geometría,
donde el rojo no indique prohibición o rechazo,
donde un radar no multe los excesos de besos,
las caricias en marcha que no conocen de límites.

IMAGINANDO

Me imagino conjugando verbos
en primera persona,
solitario, viendo caer
las hojas de los calendarios,
lágrimas en vía de un tren al despedirse;
sintiendo las humedades del aire desunirse,
un pulmón ahogarse en un espacio único;
jugando con las ruedas que no darán la vuelta
con las ranas que olvidarán los saltos.

Hablo a las ventanas que no miran la noche;
toco lo que parece líquido y gotea,
la fragilidad de un labio
semejante a un musgo, quebradizo,
cubriendo la dureza de las piedras.

Imagino ahora esos mismos verbos
conjugados en plural cómo serían,
en una playa,
viendo las hojas,
caídas del calendario,
reunirse en un álbum
de fotos, en compañía.
La sonrisa de los trenes
que regresan en vida,
las humedades del aire

reventarse de arco iris,
dos pulmones flotando
en un espacio salvavidas.
Jugamos con las ruedas que nos llevan
al lugar donde está el otro,
damos lecciones a las ranas
de los saltos que se aprueban,
tocamos la solidez
que no pierde consistencia con el tiempo,
la estabilidad de los labios
en la madera abierta
a cualquier sonido.

La imaginación pluraliza
raíces, hojas, veranos, inviernos.
Ahora somos dos
imaginando juntos;
pronto las imágenes
se harán de carne y hueso.

EN LA PIEL DE LA MANZANA

En la piel de la manzana
crece el olvido que nos vence
hasta hacernos hombres
a la sombra del cuchillo;
el tacto inabarcable
soborna a mordiscos
a una dentadura
que aprieta la carne
hasta exprimir su jugo
que resbala y gotea boca abajo
a semejanza de los santos
rebeldes y sin altares,
que con el paso del tiempo
se vuelven solo humo,
el eco de una llama
expandiendo su crepitar
por el oscuro bosque,
dejando ya visible
lo invisible de los dedos,
el alma de ese incendio
que regala la luz,
esa vida brotando
de lo verde imprevisto,
consumida en el rojo
corazón de un ocaso
que derrama lágrimas de oro

en la amplitud del mayor
de los besos posibles
al amparo de la nube
toda hecha de lluvia,
germen de esa piel,
envoltorio del mundo,
de lo posible e imposible,
del ser que nadie quiere
que todos siempre anhelan.

En un lugar cualquiera del planeta

En un lugar cualquiera del planeta,
en el mismo momento en que ahora escribo esto,
una pareja, da igual de la especie que proceda,
de la raza o del sexo, o el color de sus sueños,
descarga todo el peso de su amor sobre la boca
al igual que lo hace un río, cuando pierde el equilibrio
y cae de gran altura, con un pulso suicida,
a ese abismo repleto de arco iris.
Memorias de un pasado
que aún se cuelga de los árboles,
como un fruto maduro
que reconoce el lenguaje
de las flores y los pájaros
yendo hacia ese encuentro sin olvidos,
en ese descomponer la luz de la mañana
en múltiples colores,
en huellas de unos dedos
que dejaron más caricias que desprecio,
más botellas de champán que cubitos de hielo,
más tú, en todo cuanto toca
esa puerta abierta para dejarte paso
y recibirte,
como sabes tú bien que te mereces,
en un lugar cualquiera del planeta.

SIN TI, PERO CONTIGO

Sin ti, pero contigo,
en un lugar que aún no conoce donde habita,
al otro lado de un océano de cargas,
disuelto en la esperanza de la nube,
llueve con insistencia y repetidas veces
sobre las manos emergentes del desánimo,
borrada de fatigas,
donde el olvido queda atrás
como la pluma seca de oraciones,
donde el aire reconoce ahora
el destino de su viaje,
el inicio de la chispa de un futuro
ya en la boca.
Mastico tu verdad hasta los huesos;
el agua, como la piel tuya
dentro de la yema de mis dedos,
líquida y transparente.
Tú eres la huella azul del sol
de todo mi mañana,
el primer sonido
que no precisa de ecos
delante del espejo que lo imite,
el último misterio
aún sin resolver cuando te beso.

LAS DOS ORILLAS DEL OCÉANO EN UN PUNTO

Juntas las dos orillas del océano en un punto
que recompensa la sal con su salario,
que ceremonia el viento, al que no asisten:
las anclas, los calendarios sin fiesta,
los rotos en el casco de los buques hundidos,
la procesión de puntos
a la que ninguna enciclopedia da respuesta.

Los faros de ambos lados del océano
se miran tiernamente sin escollos,
levantan la mirada del espejo,
se buscan en la noche descarnada,
recitan largas cartas
que cuelgan de la luna como sábanas.

Después de tanto amor crece la hiedra,
sujeta a las paredes de la casa
con dedos que se llenan de humedades,
recuerdos de esos aires que aún respiran.

Como largos peces,
los amantes se enredan
deslizándose el uno sobre el otro
en un océano que hoy les da la bienvenida:

con granos de sal, cálices rojos,
algún que otro suspiro hecho de piedra,
un laberinto infantil de caracolas
que no dudan en repetirse
como los besos.

LA TOTALIDAD DEL OTRO DENTRO DE UNO MISMO

Tú conducías.
La lluvia forzaba al limpiaparabrisas de tu auto
a un vaivén constante,
a un rítmico latido que barría su llanto
con un profundo abrazo, repetido.
Tú, que en el refugio
que era antes solo tuyo,
en el interior de esa nube,
con las luces puestas del revés
mirabas otros caminos,
un autobús en marcha
dibujado a lápiz que no quisiste borrar,
al que pusiste nombre, mi nombre,
con borrones de tinta en cada uno de los dedos,
mis dedos,
que aprendieron a ampliar tu sombra
por encima de la noche,
tu noche,
más allá y más debajo de las arrugadas sábanas
que renunciaron a encontrar
un mínimo espacio
entre tu cuerpo y el mío.
Pero no bastaba solo con cerrar los ojos;
era necesario

que cada uno de los rayos desprendidos
saltase cuando tocara al otro;
que cada uno de los poros
por los que respira la piel
se llenase de la luz del otro,;
pagase con su propia vida, si es preciso,
por la alegría y la tristeza del otro;
reprodujera en cada gota de su sangre
la voluntad del otro,
en cada garganta rota por las piedras
arrojadas a los espejos
el grito del otro,
la belleza del otro
cuando con las manos lograran
arrancarle una sonrisa,
ponerle en los labios el amanecer del otro,
la totalidad del otro
dentro de uno mismo.

HUELLAS EN LA PIEL

Hay huellas que no desea borrar la piel,
recuerdos de madrugadas
húmedas e inquietas,
por los que trascurre el agua
desplazada por los peces,
flotando en el estanque de las horas.

Una orquesta de grillos
ameniza el sueño de una cama viajera;
un tropel de serpientes enroscadas
a ese vientre donde la verdad
pasa por la boca;
es la cruda franqueza de los dientes en otoño,
que aprenden a caer desde un nido de estrellas
para hacerse polvo;
polvo parecido a las palabras
que despiertan a la luna
de su letargo inmerecido.

Hay un botón desprendido por la fuerza de un beso
que enciende las ramas del costado izquierdo,
la algarabía de un pecho sintiéndose en las orillas,
un mar que no acostumbra a guardar silencio.

Nada es confuso,
únicamente en ti la oscuridad responde;
el dolor alcanza tonalidades verdes,
cruces de algodón que desclavan las heridas.

Toda huella en la piel es un gran paso,
un triunfo que no merece borrarse,
aunque llueva,
aunque llueva y llueva
y siga lloviendo,
eternamente,
sin descanso.

Índice

Sobre el autor

José María Ysmer Palazuelos (Madrid, 1967) se define como un lector ávido donde los haya, escritor a ratos, cada vez más prolífico, y actor aficionado de teatro desde mediados de los años ochenta.

Licenciado en Biología por la Universidad Autónoma de Madrid (1990), actualmente trabaja como técnico auxiliar de bibliotecas en la Hemeroteca Municipal de Madrid.

Asimismo, suele participar en concursos literarios con mayor o menor fortuna. En 2020 se le concede el segundo premio en la XXXVI edición del Certamen Literario «Manuel Vázquez Montalbán», organizado por la Biblioteca Rafael Alberti de San Fernando de Henares. Ese mismo año comienza su andadura en «Mundo poesía», un foro de poesía en internet en el que recibe varios galardones. Es ahí donde empieza a ser consciente de la calidad de su obra y de la posibilidad de publicar.

En octubre de 2021 sale a la luz su primera obra, *La sed de las piedras.* En colaboración con Guadalupe Cisneros Villa publica su segundo poemario, *Estación de cercanías,* y ahora este último, *Y siempre más,* prologado por su amigo Carlos Crespo, que promete no dejarnos indiferentes.

www.ingramcontent.com/pod-product-compliance
Lightning Source LLC
LaVergne TN
LVHW051552170726
843492LV00006B/2053